$L\,b\ ^{45}_{385.}$

RECUEIL DES PIÈCES

RELATIVES A LA DÉPUTATION

DE LA VILLE DE GANGES.

RECUEIL DES PIÈCES

RELATIVES A LA DÉPUTATION

DE LA VILLE DE GANGES,

DÉPARTEMENT DE L'HÉRAUT;

PRÉSENTÉE AU ROI, LE 6 DÉCEMBRE 1814.

A PARIS,

L. G. MICHAUD, IMPRIMEUR DU ROI,
RUE DES BONS-ENFANTS, N°. 34.

DÉCEMBRE 1814.

DÉLIBÉRATION.

Du 29 octobre 1814.

Le conseil municipal de la ville de Ganges, assemblé dans la maison commune,

M. le Maire a dit :

Que la restauration de l'auguste famille des Bourbons a été pour toute la France, l'époque de la paix et du bonheur ;

Que cet événement mémorable a rendu, en quelque sorte, l'existence à la ville de Ganges, aussi intéressante par son industrie que par ses malheurs qui en avaient arrêté l'essor et presque anéanti les ressources ;

Que ses habitants, rivalisant avec tous leurs voisins, d'amour et de fidélité envers le Souverain chéri que leurs vœux ne cessaient de rappeler au trône antique de ses pères, et cédant au besoin le plus doux de leur cœur, désirent ardemment de porter au pied de ce trône, l'hommage respectueux des sentiments qui les animent, et de solliciter auprès du Roi, tous les genres d'encouragement dont notre fabrique peut être susceptible ;

Que, par un concours de circonstances, aussi heureux que désirable, plusieurs de nos concitoyens également recommandables par leur patriotisme, par la considération attachée aux états qu'ils professent et par leurs lumières, se trouvent en ce moment à Paris ;

Qu'ils ont manifesté le désir d'être utiles à leurs concitoyens en se rendant leurs fidèles interprètes auprès du Roi, et en faisant, d'après les circonstances, les démarches nécessaires pour atteindre le but désiré sous ses divers rapports.

Sur ces motifs, M. le Maire a proposé, et le Conseil municipal a unanimement délibéré d'autoriser MM. le baron Soulier, maréchal-de-camp, officier de la Légion-d'Honneur; Renier, chevalier de Saint-Louis, major du 54e. régiment de ligne; Mejean, père, propriétaire foncier; Bastide, propriétaire foncier; Lauret, fils aîné, négociant; André Meyrueis, négociant; Lestrade, homme de lettres; Boyer de Camprieu, ancien officier au régiment du Languedoc, infanterie, et Didier, commissaire aux équipements, à porter au digne fils d'Henri IV l'expression de l'amour et de la fidélité dont sont animés tous les citoyens de Ganges, à solliciter pour la fabrique de bas de soie à qui notre ville doit sa célébrité et tout l'intérêt qu'elle inspire, tous les genres d'encouragement dont cette fabrique pourrait être susceptible, et suivre avec zèle et persévérance, les mesures dont le succès pourrait contribuer à la prospérité générale et particulière des habitants de Ganges, en les appropriant aux événements successifs qui en détermineraient l'application.

Les membres du Conseil, signés à l'original, VASSAS, BEZIÉS, TRIAIRE, *fils aîné,* DESHONS, *notaire,* AIGOIN, DESHONS, JOURNET, JEAN MEYRUEIS, TARTEIRON, POUJOL, DESHONS, ISAC TARTEIRON, *juge de paix,* JEAN LAFONT, *suppléant,* ANTOINE LAURET *père, secrétaire.*

DUCROS, *Maire.*

DÉPUTATION.

Aujourd'hui 6 décembre 1814, la députation de la ville de Ganges, composée de MM. le baron Soulier, maréchal-de-camp, officier de la Légion-d'Honneur; Renier, chevalier de Saint-Louis, major du 54e régiment de ligne; Mejean, père, propriétaire foncier; Bastide, oncle, propriétaire foncier, Lauret, fils aîné, négociant; André Meyrueis, négociant; Lestrade, homme de lettres; Boyer de Camprieu, ancien officier au régiment de de Languedoc, infanterie, et Didier, commissaire aux équipements, a eu l'honneur d'être présentée au Roi par M. le marquis de Dreux-Brézé, grand-maître des cérémonies.

M. Lestrade, président de la députation, a adressé le discours suivant à Sa Majesté:

« SIRE,

» Vous voyez devant vous les députés de votre ville de Ganges, avantageusement connue par son commerce de soierie, et dont les habitants rivalisent de zèle et d'affection avec les Français les plus dévoués à leur souverain légitime.

» Si nous venons plus tard porter à Votre Majesté le tribut de nos sentiments (pardonnez, Sire, à la franchise de nos cœurs), c'est que nous avons voulu joindre dans notre hommage le calme de la réflexion, aux transports de l'enthousiasme.

» Le résultat ne pouvait être douteux sous un Roi qui a pris Henri IV pour modèle.

» Le règne de ce bon prince vit naître l'industrie dans nos montagnes, et quelques mois de celui de Votre Majesté ont déjà suffi pour la dégager des ruines dont l'avaient successivement couverte les malheurs de la révolution et la déplorable guerre d'Espagne.

» Nos ouvriers rendus à leurs familles, nos ateliers remontés le prix de la main-d'œuvre relevé tout-à-coup dans une juste proportion avec celui de nos marchandises, une partie de nos rapports commerciaux rétablis avec l'étranger, l'espoir consolant et nécessaire de les voir s'étendre bientôt, comme autrefois, en Amérique et dans le nord de l'Europe, enfin, une tendance unanime vers le bien qui ne prépare jamais mieux le bonheur commun, que lorsqu'elle naît de la confiance d'un peuple en son Gouvernement ; tel est, SIRE, l'etat actuel de nos contrées, naguère encore gémissantes sous le poids de vingt ans d'agitation et de misère.

» Dire que ces heureux changements sont l'ouvrage de Votre Majesté, n'est-ce pas avoir trouvé dans le bienfait même le moyen le plus touchant pour votre cœur paternel de vous en témoigner notre reconnaissance ?

» Elle devient à jamais, SIRE, le garant de notre fidélité, par l'utile alliance du sentiment raisonné de notre bonheur et de cette affection filiale qui en précéda le retour, et survivrait même à sa perte.

Ce jour, où nous sommes admis à vous faire l'hommage de nos cœurs, au nom d'une population industrieuse doublement attachée par l'amour du travail et de l'ordre, au Monarque éclairé qui honore l'un et protège l'autre ; ce jour, SIRE, sera solennel dans nos annales ; il transmettra à nos neveux, avec le souvenir de vos bontés, la vénération profonde et le dévouement sans bornes dont ne cessera d'être animée votre ville de Ganges, pour la personne de Louis-le-Désiré et pour son auguste famille.

Sa Majesté a répondu :

« Je reçois avec d'autant plus de plaisir l'expression des senti-
» ments de la ville de Ganges, que le tableau satisfaisant que vous
» me faites de son commerce a droit de plaire à mon cœur par
» l'amour que je porte à mes peuples.

» La ville de Ganges peut compter sur ma protection parti-
» culière. »

PRÉSENTATION

AUX MEMBRES DE LA FAMILLE ROYALE.

La députation ayant été successivement admise à l'audience de Monsieur, comte d'Artois, de Madame, duchesse d'Angoulême, et de Monseigneur le duc d'Angoulême, nous donnons ici les discours qui leur ont été adressés par M. Lestrade, et les réponses dont leurs Altesses Royales les ont honorés.

A SON ALTESSE ROYALE
MONSIEUR, COMTE D'ARTOIS.

Monseigneur,

La ville de Ganges nous a choisis pour porter au pied du trône l'hommage de son respect et de son amour.

Si quelque chose peut ajouter pour nous, au bonheur de cette mission honorable, c'est de renouveler à Votre Altesse Royale, l'offrande de ces mêmes sentiments dont elle a bien voulu recevoir l'expression, à son passage par le département de l'Hérault.

Votre présence, Monseigneur, a donné à notre beau pays une existence nouvelle, en y ramenant ces affections délicieuses et vraiment françaises dont Votre Altesse Royale avait été particulièrement l'objet, lors du premier voyage qui l'offrit à nos vœux.

Après un si long intervalle, Monseigneur, vous avez retrouvé nos cœurs toujours les mêmes, toujours purs et brûlants comme notre climat, et surtout (pour me servir de l'expression du bon Roi, en un jour de bonheur), *affamés de revoir un Bourbon.*

Ce nom, qu'environnent l'éclat de la gloire et les charmes de la bonté, ce nom, Monseigneur, dit tout à nos ames; ce n'est pas un mot, c'est un sentiment, c'est l'expression vive et touchante des inclinations généreuses qui forment le caractère français, et qui respirent si noblement dans le cœur et sur les traits de Votre Altesse Royale.

Nous la prions d'agréer, au nom des habitants de la ville de Ganges, l'assurance de notre attachement invariable à la race auguste et chérie du bon Henri.

Notre serment est celui des compatriotes du brave d'Assas; il serait au besoin, scellé par le même héroïsme.

Son Altesse Royale a répondu :

« Je reçois avec un vrai plaisir l'expression de vos sentiments;
» ils me rappellent le bonheur dont j'ai joui au milieu des
» peuples du Languedoc, le bon esprit et l'attachement au
» Roi qui les distinguent. J'ai fait connaître à mon Frère, leurs
» excellentes dispositions, et vous pouvez assurer en particulier
» vos concitoyens, combien je suis sensible à leurs vœux. »

A SON ALTESSE ROYALE

MADAME, DUCHESSE D'ANGOULÊME.

Madame,

Si la Vertu, cette fille du Ciel, voulait acquérir de nouveaux droits aux hommages de la terre, elle se montrerait à côté du trône, entourée des souvenirs de l'infortune.

Le respect dû à son rang se confondrait avec l'admiration la plus tendre, pour les qualités touchantes et sublimes dont elle en relèverait l'éclat.

Mais, lorsqu'en essayant de peindre ainsi son image, un charme céleste viendrait assurer son triomphe sur nous, quel cœur français pourrait ne pas la reconnaître, sous les traits de l'auguste fille de Louis XVI et d'Antoinette !

Ces noms chéris et couverts de nos larmes, en nous associant à vos douleurs, deviennent, Madame, de nouveaux garants de notre respectueux amour pour vous. Daignez en agréer l'hommage au nom de la ville de Ganges, dont il nous est si doux, en ce moment, d'être les interprètes auprès de Votre Altesse Royale.

MADAME a répondu :

« Je vous remercie des sentiments que vous m'exprimez » au nom de votre ville; ils me sont trop chers pour que je les » oublie. »

A SON ALTESSE ROYALE

MONSEIGNEUR LE DUC D'ANGOULEME.

MONSEIGNEUR,

Députés par la ville de Ganges, pour porter ses vœux à notre auguste Monarque, nos cœurs éprouvent le besoin de comprendre dans leur hommage, ces *Fils* de France, l'ornement et l'espoir de la patrie.

L'enthousiasme a proclamé leur nom, l'amour se plaît à le redire.

Le vôtre, Monseigneur, est particulièrement béni dans nos contrées, dont il calma seul les nobles inquiétudes, au temps fameux de l'invasion.

Ses suites prévues pouvaient-elles encore alarmer l'honneur français, alors qu'un Bourbon, arborant les lys sur le berceau même d'Henri IV, s'avançait vers nous, comme jadis ce bon roi, vers des sujets trop long-temps ravis à son amour?

Quel triomphe pour le nôtre, Monseigneur, si Votre Altesse Royale faisait luire à nos cœurs, l'espoir de lui en offrir les sentimens, dans ces portions de la belle Occitanie, qu'elle n'a pas encore parcourues, et déjà si franchement heureuses d'avoir possédé votre auguste père!

Tels sont nos vœux : daignez les accueillir, et recevoir, au nom de nos concitoyens, l'hommage particulier de leur dévouement pour Votre Altesse Royale.

Son Altesse Royale a répondu :

« Je suis sensible à vos vœux. J'étais sur le point de les réaliser
« et de parcourir cette année cette partie du Languedoc en me
» rendant à Toulon. Je désire de voir vos contrées, dont mon père
» a été très satisfait. Je compte les visiter l'an prochain; vous
» pouvez en donner l'assurance aux habitants de Ganges. »

MÉMOIRE
ADRESSÉ AU ROI,

PAR

LES DÉPUTÉS DE LA VILLE DE GANGES,

EN LANGUEDOC,

AU NOM DE LEURS COMMETTANTS.

MÉMOIRE

Adressé au ROI, *par les Députés de la ville de Ganges, en Languedoc, au nom de leurs Commettans.*

Sire,

Encouragés par l'accueil qu'ils ont reçu auprès du trône, les députés de la ville de Ganges viennent, en vertu de la délibération qui les y autorise, vous soumettre respectueusement quelques réflexions qui leur ont paru propres à seconder les vues bienfaisantes de Votre Majesté, sur des objets relatifs au développement de notre commerce, et à nos autres moyens d'améliorations locales.

La ville de Ganges, située dans une contrée naturellement peu fertile, mais couverte d'une population laborieuse, montre, au pied des Cévennes, ce que peut l'industrie soutenue par la patience et l'activité.

C'est au milieu d'efforts sans cesse renaissans, qu'on voit la surface ingrate et presque nue de notre sol se charger tous les ans de cette riche variété de productions, dont s'enorgueillissent les cantons les plus favorisés de notre belle province de Languedoc.

Mais, en réservant pour la culture de la vigne et des arbres à fruits, les portions de terrain strictement nécessaires aux besoins de la consommation locale, nos propriétaires consacrent la presque totalité de leurs fonds de terre à celle du *Mûrier blanc* que l'on pourrait nommer, à juste titre, le *Père nourricier* de nos contrées.

Sa feuille forme, comme on sait, la nourriture des vers-à-soie. Leur éducation affranchie, par les soins éclairés de nos cultivateurs, des pratiques routinières qui en contrarièrent si longtemps le succès, donne ces beaux *Cocons* dont la supériorité reconnue sur ceux des autres parties de la province, est moins, peut-être encore, l'ouvrage exclusif de l'industrie, que le produit naturel du sol et du climat. En effet, dans le voisinage même des rochers qui ceignent notre banlieue, et dont la découpure et l'aspect y déterminent le ton dominant de l'atmosphère, et l'influence repective de la chaleur et des frimas, on a beau employer nos graines et suivre nos procédés, la comparaison reste toute à notre avantage, et le *Cocon* de Ganges offre toujours à l'observateur un peu exercé, une perfection de forme, une solidité de contexture, un éclat de couleur, qui ne permettent pas de le confondre avec ses rivaux. C'est pour ainsi dire un fruit indigène qui perd ses qualités par le moindre déplacement; comme on remarque dans le Bordelais et la Bourgogne, des différences, quelquefois tranchantes, entre les produits de deux vignobles, séparés seulement par un étroit sentier.

De ces *Cocons*, si heureusement élaborés par l'insecte, nous tirons une soie abondante, forte et ductile, qui nous laisse encore sans concurrence dans le royaume par la perfection de notre filature, perfection d'autant plus exclusive que les procédés qu'on y emploie, ne pouvant être produits par l'action calculée d'une machine, en ce qui concerne l'extraction du fil de soie, tout dépend ici de l'adresse des fileurs, ou plutôt des fileuses ; car, ce travail qui s'exécute chaque année dans nos ateliers, dirigés par des chefs habiles, depuis mai jusqu'en septembre, est uniquement confié aux femmes du pays, et à celles plus nombreuses qui nous arrivent des montagnes de l'Ardèche et d'une grande partie des communes du département du Gard.

Soumises aux opérations du doublage, les soies superflues aux besoins de notre fabrique sont dirigées sur Lyon qui les emploie dans la fabrication des satins, des tulles, et des autres tissus les plus riches, avec un avantage d'autant plus digne de fixer l'attention de Votre Majesté, que cette branche d'approvisionnement, bien développée, affranchirait le royaume d'une portion des tributs que nous payons à l'étranger, pour les *organsins* de l'Italie et du Piémont.

Les moyens pratiqués par nos teinturiers, pour obtenir ce beau *blanc*, que l'on a vainement tenté d'imiter à l'aide de procédés chimiques, n'offrent cependant rien de particulier, et qui ne puisse s'exécuter partout ailleurs; d'où l'on doit conclure, que ce *blanc inimitable* est l'effet naturel de la qualité intrinsèque de nos soies, combinée avec la propriété éminemment détersive des eaux de la rivière de *Vis* qui fournit à nos blanchisseries. On en a la preuve incontestable en ce que l'on ne peut jamais faire acquérir ce *blanc*, ni aux soies du voisinage, quoique manipulées dans nos usines, ni à nos propres soies, lorsqu'elles sont blanchies dans la rivière d'*Hérault*, dont le cours, néanmoins, est presque contigu à celui de la *Vis*, qui se joint à lui, à quelque distance de nos murs.

Les nombreux métiers qu'ils renferment sont l'ouvrage de nos mécaniciens. Ils offrent, en général, autant de chefs-d'œuvre d'exécution, par le jeu facile de toutes leurs pièces, et la perfection graduée de leurs différentes jauges.

Les bas qu'on y exécute sont principalement remarquables par l'unité du grain, la solidité de la maille, la justesse des proportions, l'éclat du blanc, et cette exquise propreté de l'ouvrage, que les soins de l'ouvrier, ainsi qu'on l'éprouve ailleurs, ne sauraient seuls leur conserver, s'ils n'étaient favorisés d'avance par l'intensité native du fil de soie, et du blanc de sa teinture.

C'est de l'ensemble de toutes ces circonstances, dont la plupart fécondées par notre travail, mais inhérentes aux lieux mêmes, ne sauraient nous être ravies, que se constitue la perfection exclusive de notre fabrique de bas de soie ; nous disons *exclusive*, parce que l'expérience a prouvé que des bas confectionnés à Lyon, avec nos soies, par nos artisans, et sur nos métiers, n'ont jamais pu ni l'imiter, ni la reproduire.

De-là, cette ancienne célébrité, si justement acquise à notre commerce, qui s'étendait, avant la révolution, en Allemagne, en Italie, en Angleterre, dans la Russie, aux Etat-Unis d'Amérique, et par l'intermédiaire de l'Espagne, jusque dans le Mexique et le Pérou. Ses résultats, unique source de richesses pour nos contrées, amélioraient sensiblement la balance générale du commerce français ; car il est à remarquer, que par un avantage de position dont ne jouit peut-être aucune autre ville manufacturière du royaume, nous trouvons dans nos ressources locales les matières premières suffisantes, et les moyens d'exécution nécessaires à nos fabriques, tels que la feuille du mûrier, les établissements de filature et de teinturerie, la construction des métiers, et les ateliers de couture et de broderie qui complètent le travail de la fabrication.

D'où il suit, que nos exportations sont de véritables lettres-de-change, acquittées par l'étranger au profit de la France, sans nul escompte qui en atténue les bénéfices.

Pour en augmenter la masse, en favorisant les mouvements qui les produisent, nous ne demandons, SIRE, ni capitaux, ni protection spéciale, ni exemption de charges. Enfant de l'industrie, et destiné aux usages du luxe, notre commerce n'a besoin pour s'étendre et prospérer de nouveau que de sa portion de famille dans cette liberté générale de communications avec l'étranger, que réclament à la fois l'honneur et les besoins de la France, et dont une sage politique ne modifie l'étendue que pour en diriger les résultats vers le système le plus favorable aux intérêts nationaux.

La reprise de nos anciens rapports avec le Continent et les îles de l'Amérique r'ouvrirait à nos soieries leurs débouchés les plus importants et sans lesquels ce commerce, réduit à la consommation européenne, ne ferait que languir par la rareté des commandes et la modicité des bénéfices. Un moyen infaillible de les accroître serait de s'affranchir des droits considérables perçus sur nos bas de soie, par le gouvernement espagnol, jusqu'à présent resté seul en possession d'en faire le commerce interlope avec les deux Continents américains. Sous le règne de Louis XVI, le ministère français avait eu la pensée de se dégager de ce *transit* onéreux, en fondant à Philadelphie et à Boston des maisons d'entrepôt chargées de traiter directement, avec les consommateurs du Mexique et du Pérou, de nos articles de soierie, auxquels on aurait joint la branche importante des vins et des eaux-de-vie de Languedoc pour la Nouvelle-Angleterre. Ce projet pourrait être repris aujourd'hui avec avantage, et nous le recommandons à la sagesse de Votre Majesté.

Nous osons lui soumettre, avec non moins d'intérêt, la nécessité de rétablir nos communications commerciales avec la Russie.

La dernière guerre a fermé les portes de ce vaste empire à nos produits industriels. La prolongation d'un pareil état menacerait d'une prochaine ruine les manufactures de soie du royaume, si heureusement ranimées depuis le retour de Votre Majesté.

Nous la supplions donc d'obtenir de son auguste allié la révocation prompte de l'ukase prohibitif de 1811 : elle le pourra d'autant plus facilement, que cette mesure serait réciproquement utile aux deux nations. Pendant le blocus maritime et continental, la Russie, dans l'impuissance d'exporter les richesses de son propre sol, pouvait trouver quelque avantage à repousser des importations dont le résultat devait la priver de son numéraire; mais aujourd'hui, que par l'ouverture des mers elle est appelée de nouveau à verser ses pelleteries dans les marchés de l'Europe, et à fournir ses chanvres, ses bois, ses goudrons aux marines renaissantes de plusieurs états, son intérêt ne l'engage-t-il pas, au contraire, à tirer du dehors tous les objets d'échange qu'elle ne saurait de long-temps établir chez elle avec autant d'avantage? Car, les nations ne devenant manufacturières que par l'excès de la population sur les besoins de l'agriculture, on peut raisonnablement ajourner à un siècle l'époque où nous aurons à redouter la concurrence des fabriques russes.

Pour mieux balancer celle des nations voisines, nous croyons devoir signaler à Votre Majesté les torts graves que porterait à nos fabriques la liberté illimitée d'exporter nos soies à l'étranger. Loin de nous, sans doute, la pensée de priver nos *propriétaires-éducateurs* et nos *fileurs non-fabricants* des débouchés ouverts à l'écoulement d'une partie de leurs soies écrues. Ces envois, loin de nuire à la France, l'enrichissent aux dépens de l'étranger, en même temps qu'ils vivifient une branche d'industrie que cultivent même avec succès, plusieurs de nos maisons de commerce. Mais ces résultats, utiles en général, cesseraient de l'être, et se changeraient en véritables fléaux pour nos contrées ainsi que pour toutes les manufactures de soieries du royaume, si l'on ne bornait l'exportation aux seules parties de soie formant un excédent aux besoins intérieurs de nos fabriques; car, dans le cas contraire, les exportations, en rendant la matière première trop rare ou trop chère, nous jetteraient dans la funeste alternative de voir nos manufactures tomber faute d'aliments, ou nos fabricants ruinés, par la nécessité de livrer à perte des marchandises dont le prix ne couvrirait plus le montant de la main-d'œuvre, ni l'intérêt des sommes employées à leur fabrication.

Ces craintes, loin d'être chimériques, viennent d'acquérir depuis plusieurs mois une consistance inquiétante pour l'avenir. L'Angleterre et l'Espagne ont enlevé, depuis la paix, des parties si considérables de nos soies écrues, que leur prix, dans l'intérieur, a déjà franchi le point où sa disproportion avec celui des bas ne permet plus aucun bénéfice à nos fabricants. Ceux de plusieurs parties de l'Allemagne, et principalement du duché de Berg, ont également multiplié leurs achats pour les nombreuses manufactures de rubans de velours établies dans le pays. De ce concours, pour ne pas dire de cet acharnement des étrangers à s'approprier nos approvisionnements, est résulté pour nous des symptômes assez positifs de renchérissement et de rareté des matières premières, pour opérer une stagnation dans la vente de nos articles, et faire craindre aux manufactures de Lyon, Nîmes, Avignon, Alais, Saint-Chaumont, Saint-Etienne, etc., de manquer de soies pour fabriquer, ou de débouchés pour vendre.

Les progrès de ce mal anéantiraient une des plus belles branches de l'industrie française. Il est donc urgent d'y remédier en régularisant la sortie de nos soies hors du royaume d'une manière analogue à la mesure adoptée pour les grains, et en fixant, par des réglements et des tarifs particuliers, les droits d'exportation à percevoir sur les soies de France, et le taux où la disproportion notoire entre le prix de la matière première et celui de la marchandise (1) en ferait prohiber la sortie hors du Royaume.

Tel est, Sire, l'exposé rapide, mais fidèle de la nature et des productions de notre sol, des efforts et des succès de notre industrie, de l'état de nos fabriques, de la perfection de leurs produits, de la situation de notre commerce, de ses moyens de développement, et du poids enfin qu'il ajoute à la balance générale de nos rapports avec les nations étrangères.

Si ce tableau nous mérite quelque intérêt de la part de Votre Majesté, permettez-nous, Sire, de vous indiquer les moyens de suivre les inspirations de votre bienveillance en faveur de la localité qui réunit de pareils avantages.

La ville de Ganges, principal foyer de prospérité pour une grande partie des Cévennes, dont son commerce occupe les bras et fait valoir les productions, a toujours gémi sous une espèce d'*ostracisme* administratif dont elle se serait sans doute depuis long-temps affranchie, si ses habitants, plus occupés des soins de leurs fabriques que des intérêts généraux de leur commune, n'eussent négligé de faire valoir ses droits incontestables à devenir le siége d'une sous-préfecture et des établissements publics qui l'accompagnent.

Au jugement d'un Monarque éclairé, ces droits ne sauraient se composer des motifs d'une influence personnelle, bien moins encore du calcul des intérêts privés ; et si nous établissons nôtre demande

---

(1) Rien de plus facile que d'acquérir à cet égard des notions justes, en suivant une marche semblable à celle des mercuriales, pour la connaissance officielle du prix des grains et de ses variations, puisque sur chaque place de commerce les prix courants des soies écrues, des étoffes et des bas peut être aussi régulièrement fixé par les courtiers de commerce, que le mouvement des fonds publics à la bourse de Paris, par les agents de change.

(23)

sur les bases de l'intérêt public, d'après l'importance relative de notre ville, la centralité de sa position, la fréquence et la plus grande facilité de ses rapports avec les communes environnantes, nous aurons sans doute fait triompher notre cause auprès du trône.

La ville du Vigan, qui possède la sous-préfecture, et celle de Saint-Hyppolite (du Gard), qui la lui dispute, n'ont aucun avantage de population sur la ville de Ganges : elles ne peuvent, sous les rapports de l'importance commerciale et manufacturière, être considérées que comme des succursales qui travaillent pour nous, ou font passer sous notre nom les parties de marchandises qu'elles ne versent point dans nos magasins.

Les populations de ces deux villes et des communes les plus considérables de la sous-préfecture du Vigan, telles que St.-Laurent, Valeraugue, Sumène, Lasalle, Quissac et Sauve, sont journellement attirées à Ganges pour la teinture des soies, les approvisionnements nécessaires à la fabrication, l'achat des métiers, le transport des bas, le salaire des ouvriers, le réglement des comptes des fabricants, et par mille autres détails qui lient l'homme qui travaille à celui qui le fait travailler. De-là naissent entre Ganges et ces différentes villes, des rapports parfaitement représentés par ceux d'un centre commun aux divers points de sa circonférence. Ces localités décrivent en effet autour de notre ville une ligne presque demi-circulaire, tandis qu'elles se présentent dans un éparpillement brisé et fort bizarre, sur les côtés inégaux d'un angle dont le Vigan occupe le sommet.

Pour être plus vivement frappé des vices d'une semblable disposition, et de l'urgente nécessité d'y porter remède dans l'intérêt des communes, il suffit de jeter les yeux sur le tableau comparatif ci-après, de leurs distances respectives avec Ganges et le Vigan.

VILLES.	DISTANCE		OBSERVATIONS.
	DE GANGES.	DU VIGAN.	
St.-Laurent.....	1 lieue.	2 lieues.	
Valeraugue.....	4	4	(Voyez à la fin
Sumène........	1	2	du mémoire, le
Lasalle.........	3	7	même tableau et
Quissac........	4	7	la carte.)
Sauve..........	3	6	
St.-Hippolyte....	2	5	
Sommes de distances,	18 lieues.	33 lieues	de 2500 *toises*.

Ne demeure-t-il pas rigoureusement démontré qu'un pareil arrangement topographique blesse, sous tous les rapports, les droits des administrés, en mettant en opposition les mouvements nécessités par les besoins journaliers de leur commerce, avec ceux qu'exige le soin de leurs autres intérêts dans l'ordre administratif civil et judiciaire?

De-là, des pertes de temps, si funestes aux populations manufacturières; de-là, des déplacements multipliés et coûteux, ou bien des omissions plus ruineuses encore, tant pour le Gouvernement lui-même que pour les particuliers, surtout en ce qui concerne les formalités de notre régime hypothécaire; formalités qu'on néglige le plus souvent lorsqu'il faut aller trop loin pour les remplir.

Ainsi, l'intérêt des villes voisines et de leurs banlieues devrait seul déterminer le transport de la sous-préfecture à Ganges, sans que nous eussions besoin de rappeler les motifs puisés dans son importance relative, et la futilité de la seule considération qui, sous l'assemblée constituante, priva cette ville, contre toute justice, des établissements qu'elle réclame aujourd'hui.

On n'a pas oublié l'influence notoire qu'exerça l'esprit de parti dans le travail de la division de la France par départements et par districts. Des vues particulières prévalurent souvent sur les justes convenances du bien général, faiblement défendues ou totalement négligées dans l'intérêt des communes, lorsque celles-ci ne comptaient dans l'assemblée aucun membre qui leur appartînt par les liens du domicile ou de la propriété. Telle était en 1791 la ville de Ganges, dont les citoyens, ainsi que nous l'avons déjà dit, absorbés par les soins de leurs affaires commerciales, ne songèrent pas même à suppléer à cette privation de députés ou à leur silence, par la plus légère réclamation. Il fut donc facile à une ville voisine, moins insouciante à cet égard et mieux secondée par le zèle des députés de sa sénéchaussée, de faire adopter la démarcation qui subsiste encore, et par suite de laquelle la ville de Ganges, reléguée dans un coin de l'extrême frontière du département de l'Hérault, ceinte de tous côtés de portions de terrain de celui du Gard, dont elle paraît être une enclave, se trouve administrativement classée en sens inverse des droits et des besoins de sa localité. Réduite au seul établissement de la justice de paix, elle voit chaque jour ses habitants, que le soin des seules affaires civiles appelle au chef-lieu du département (1), être forcés à des voyages pénibles, dispendieux, et souvent même impraticables par le défaut de pont sur le torrent de Sumène, qui coupe la route, ou par les inondations de l'Hérault, qui, dans les gros temps d'hiver, la couvrent à de grandes distances; inconvénients si graves déjà par eux-mêmes, et dont rien ne compense les fâcheux résultats.

Il n'existe en effet aucune analogie entre les intérêts commerciaux des deux villes. Ganges ne tire rien de Montpellier pour ses fabriques, et ne verse que de faibles parties de bas dans sa consommation. Les maisons de banque de Montpellier travaillent beaucoup moins avec nos maisons de commerce que celles de Nîmes, qui semble nous être bien plus naturellement assignée

---

(1) La distance de Ganges à Montpellier est de sept lieues du pays, faisant trente-deux milles français.

comme chef-lieu de préfecture, par toutes les convenances de position et d'intérêts réciproques. Nîmes travaille nos soies, emploie nos métiers, achète nos bas, nous fournit des ouvriers, se sert de nos teintures, et devient, sous le double rapport d'entrepôt et de roulage, un intermédiaire utile pour nos envois à Beaucaire, Marseille, Lyon, Paris et tout le nord de l'Europe. Croirait-on que des motifs si palpables, si puissants, si fortement prononcés en faveur de notre incorporation au département du Gard, n'aient point été aperçus, et que l'on ait compris le canton de Ganges dans le département de l'Hérault, par la seule raison qu'il faisait partie de l'ancien diocèse de Montpellier?

D'après cet exposé, SIRE, la nécessité de transporter le siége de la sous-préfecture dans la ville de Ganges nous paraît fondée,

1°. Sur les principes de la justice distributive, aux bienfaits de laquelle les populations ne doivent pas être plus étrangères que les simples individus;

2°. Sur l'intérêt général de nos contrées, et en particulier, des villes de Saint-Laurent, Valeraugue, Sumène, Quissac, Lasalle, Sauve et Saint-Hyppolite, lesquelles trouveraient à la fois dans ce changement, rapprochement de distances, facilité de communications, économie de temps et de frais, utilité plus grande dans leurs rapports, par l'identité d'industrie et de commerce;

3°. Sur l'excentricité de la ville du Vigan, chef-lieu actuel, et la centralité de celle de Ganges, ainsi que sur ses droits à cette faveur, à raison de l'importance de ses fabriques qui en font la métropole du commerce des Cévennes;

4°. Sur ses rapports intimes, et bien autrement essentiels avec Nîmes qu'avec Montpellier, en tout ce qui constitue les opérations de banque, les mouvements du commerce et l'appui mutuel que se prêtent les deux manufactures;

5°. Enfin, sur l'insignifiance du seul motif qui a déterminé l'organisation actuelle, ainsi que sur les torts graves qu'en éprouve la ville de Ganges, et dont, après vingt ans, elle vient, pour la première fois, entretenir l'autorité suprême, parce que, pour la première fois, depuis vingt ans, elle voit la puissance unie à la justice sous la main d'un Monarque ami de son peuple.

En récapitulant les points principaux présentés dans ce mémoire, Votre Majesté est très humblement suppliée,

1°. De hâter le moment de rétablir, à des conditions honorables pour la France et avantageuses pour son commerce, nos anciennes relations avec les divers états de l'Europe et du Nouveau-Monde, et particulièrement avec l'Amérique septentrionale et la Russie, débouchés indispensables aux produits de nos fabriques de soie;

2°. De fixer son attention sur la reprise du projet conçu sous le règne de Louis XVI, de fonder, à Philadelphie ou à Boston, des maisons françaises d'entrepôt, chargées des opérations du commerce direct de nos bas de soie avec le Mexique et le Pérou, établissement qui affranchirait la France des droits onéreux de transit qu'elle paie à l'Espagne, et faciliterait nos exportations en vins et eaux-de-vie à la Nouvelle-Angleterre;

3°. De déterminer par une ordonnance les droits à percevoir sur les soies de France exportées à l'étranger, et le prix auquel la sortie en serait prohibée ;

4°. Enfin, de prononcer la séparation de la ville de Ganges et de son canton du département de l'Hérault, qui leur est étranger sous les rapports du commerce, et leur incorporation au département du Gard qui entretient avec nous des relations indispensables au bien-être de nos fabriques.

Comme aussi d'ordonner que le siége de la sous-préfecture et les établissements qui en dépendent, fixés au Vigan jusqu'à ce jour, soient transférés à Ganges, ainsi que le réclament l'état de cette ville, les principes de la justice, sa centralité topographique, son importance commerciale et l'intérêt bien entendu des villes de Saint-Laurent, Valleraugue, Sumène, Lasalle, Quissac, Saint-Hyppolite et de leurs banlieues, à qui ce changement offrirait à la fois, pour les besoins commerciaux, civils et judiciaires de leurs habitants, économie de temps et de frais, diminution notable de distances, concours utile d'affaires et facilité de communications.

Nous sommes, avec un profond respect,

SIRE,

De Votre Majesté,

Les très humbles, très obéissants serviteurs et fidèles sujets.

Signés, les Députés de la ville de Ganges :
Le baron Soulier, *maréchal-de-camp, officier de la Légion-d'Honneur ;* Renier, *chevalier de Saint-Louis, major du* 54e. *régiment de ligne ;* Mejean, père, *propriétaire foncier ;* Bastide oncle, *propriétaire foncier ;* Lauret, fils aîné, *négociant ;* André Meyrueis, *négociant ;* Boyer de Camprieu, *ancien officier au régiment de Languedoc, infanterie ;* et Didier, *commissaire aux équipements.*

LESTRADE, *président de la Députation.*

Paris, ce 10 Décembre 1814.

TABLEAU COMPARATIF DES DISTANCES.

VILLES.	DISTANCE		OBSERVATIONS.
	DE GANGES.	DU VIGAN.	
St.-Laurent....	1 lieue.	2 lieues.	Chemin de roulage et à grande voie pour aller à Ganges. Chemin du Vigan, étroit, montueux, impraticable pour les voitures.
Valeraugue....	4	4	Route égale pour les deux villes.
Sumène,........	1	2	Chemin de roulage à grande voie, pour aller à Ganges. Chemin étroit et montueux pour se rendre au Vigan.
Lasalle........	3	7	On ne peut se rendre de Lasalle au Vigan sans passer sur le département de l'Hérault, en traversant Ganges ou partie de son territoire.
Quissac.......	4	7	*Idem.*
Sauve.........	3	6	*Idem.*
St.-Hyppolite...	2	5	*Idem.*
Sommes des distances,	18 lieues.	33 lieues	de 2,500 *toises.*

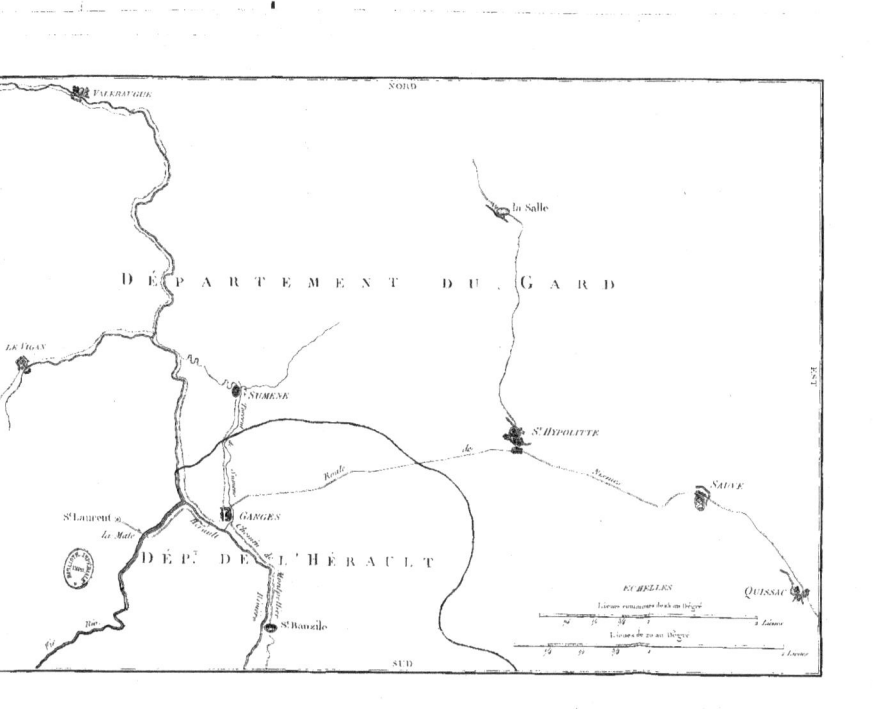

64

www.ingramcontent.com/pod-product-compliance
Lightning Source LLC
Chambersburg PA
CBHW060526050426
42451CB00009B/1189